Theophilus Ugbedeojo Ejeh

Entzünde neu
das Feuer der Liebe in dir!

Predigtworte für den Alltag

Allen Menschen,
denen ich in Deutschland begegnet bin

Theophilus Ugbedeojo Ejeh

Entzünde neu das Feuer der Liebe in dir!

Predigtworte für den Alltag

Herstellung und Verlag:
BoD - Books on Demand, Norderstedt
© 2015 Theophilus Ugbedeojo Ejeh
ISBN: 978-3-7347-64646

Vorwort

Dieses kleine Buch stammt aus einigen Predigten, die ich in den letzten zehn Jahren bei Gottesdiensten gehalten habe. Es ist ein Zeichen meiner Dankbarkeit Gott gegenüber und allen, die mich auf meinem seelsorgerischen Weg in Deutschland begleitet haben.

Ich kam das erste Mal nach Deutschland - als ein junger Student nach Fulda im Herbst 1998. Im Jahr 2002 war ich mit meinem Theologiestudium fertig und reiste als geweihter Diakon wieder zurück nach Nigeria. Im Jahr 2003 wurde ich in der Heimat zum Priester geweiht. Im Herbst 2005 folgte ich wieder dem Ruf nach Deutschland, um zu promovieren. Im Jahr 2011 wurde ich in Paderborn zum Doktor der Theologie promoviert. Ab 2009 - noch während meiner Studienzeit - arbeitete ich als Seelsorger in der Pfarrgemeinde Maria Königin des Friedens in Kassel.

Nun, am Ende meiner Zeit in Kassel, veröffentliche ich dieses kleine Buch. Ich habe viel Gutes in dieser Zeit erlebt, habe viele mich bereichernde Begegnungen gehabt mit kleinen, jungen, erwachsenen und alten Menschen. Ich habe als Priester und Seelsorger viele Menschen begleitet: Ich habe Menschen getauft, zur Erstkommunion geführt, gefirmt, getraut, mit Gott durch das Sakrament der Beichte versöhnt und einige in die Kirche aufgenommen. Die Feiern der Heiligen Eucharistie an Werktagen, Sonn- und Festtagen, zu Ostern, Pfingsten und Weihnachten werden mir besonders gut in Erinnerung bleiben. Ich habe auch Menschen begleitet auf ihrem Weg in die Ewigkeit. Ich habe mich gefreut, wo ich Angehörigen beistehen konnte und durfte. Für alles bin ich dankbar, besonders für die Gnade, bei den Menschen zu sein.

Ganz besonders möchte ich mich zum Schluss bei Dr. Fritz Krappe, Frau Christa Rode und Melanie Kuhaupt bedanken für die sorgfältigen Korrekturen. Auch Herrn Herbert Kantus und Herrn Sergio Leone sei gedankt für die Formatierung, Layout und die Covergestaltung.

Theophilus Ugbedeojo Ejeh

Inhaltsverzeichnis:

Vorwort	3
Liebe	7
Licht	9
Engel	10
Berufung	12
Das Wort	14
Entscheidung	15
Sorgen	18
Bewegung	20
Begegnungen	22
Nachbar	26
Veränderung	28
Zukunftssicherung	30
Hörendes Herz	31
Ort der Ruhe	32
Rettender Sieg	35
Leidenschaft	37
Versöhnung und Vergebung	39
Umkehr	44

Liebe

Einmal stellte ein Gesetzeslehrer Jesus folgende Frage: „Meister, welches Gebot im Gesetz ist das wichtigste?" Dazu gab er folgende Antwort: „Du sollst den Herrn, deinen Gott, lieben mit ganzem Herzen, mit ganzer Seele und mit all deinen Gedanken. Das ist das wichtigste und erste Gebot. Ebenso wichtig ist das zweite: Du sollst deinen Nächsten lieben wie dich selbst. An diesen beiden Geboten hängt das ganze Gesetz samt den Propheten" (Mt. 22, 35-40).

Diese Antwort Jesu nimmt ein wichtiges Phänomen im Leben von Menschen auf und stellt es in den Mittelpunkt des Glaubens. Das Phänomen ist die Liebe, die für jeden von uns wie Nahrung ist. Ohne sie sterben wir! Jeder möchte geliebt werden. Wir alle leben von der Liebe. Es ist die Liebe, die uns immer blühen lässt. Sie hat so eine ungeheure Kraft, die unser Leben verändern kann. Sie ist wie die Sonne, die eine sterbende Blume, die lange ohne Licht war, wieder leben lässt.

Menschen werden krank, wenn sie sich ungeliebt fühlen. Menschen werden traurig, wenn sie die Liebe verlieren. Wir wissen von Menschen, die nach einer Trennung von einem Partner großen Kummer leiden. Das macht die Liebe so wichtig! Und diese Wichtigkeit betont Jesus im Evangelium. Dabei geht es Ihm darum, dass der Mensch liebesfähig ist, sowohl dem Mitmenschen gegenüber als auch Gott. Es wird hier vorausgesetzt, dass der Mensch lieben kann. Er ist nämlich ein Produkt der Liebe. Die Bibel sagt: Der Mensch ist das Ebenbild Gottes und Gott ist die Liebe. Wenn Er die Liebe ist und der Mensch sein Ebenbild, so folgt daraus, dass auch für den Menschen die

Liebe der Kern seines Wesens ist. Aber wenn dies der Fall ist, warum verhält sich der Mensch manchmal anders? Die Theologen würden sagen, der Grund sei, dass der Mensch sich von Gott, der die Liebe und sein Ursprung ist, entfernt. Was lernt man daraus? Um richtig lieben zu können, muss man in Gott ganz verwurzelt sein. Um Liebe weiter geben zu können, ist es wichtig, Gott zu suchen. Wer Gott sucht, sucht die Liebe und ist auch liebesfähig!

Lieben ist unsere Berufung als Menschen. Wir alle haben zunächst als Menschen den Auftrag, Liebe an Menschen zu schenken, die diese brauchen. Wir haben den Auftrag, ganz bewusst für die Mitmenschen in unserer Familie und in der Gesellschaft da zu sein, besonders für die Armen und Schwachen, die sich nicht schützen können. Wie Thérèse von Lisieux, die die Liebe für sich als Auftrag und Berufung entdeckte, wollen auch wir für die Liebe leben. Es ist so schön, geliebt zu sein. Und weil das so ist, muss die Liebe weiter gegeben werden, sonst stirb sie. Darum soll man jeden Tag neu das Feuer der Liebe in sich entzünden.

Licht

Das Licht für uns Menschen ist ein kostbares Gut. Wenn wir ohne Licht leben müssten, so wäre das Leben langweilig. Wir sehnen uns immer nach Licht. Ich weiß, wie schwer es mir fällt, meinen Weg zu finden, wenn ich im Dunkeln gehe. Das Licht war das Erste, was Gott schuf. Ohne Licht sind wir Menschen arm!

Jesus selbst wird als das Licht dargestellt. Als Er sich nach dem Tod Johannes´ des Täufers nach Kafarnaum zurückzog, heißt es, dass ein Licht über dieses Gebiet kam. Damit deutet der Evangelist Matthäus die Präsenz Jesu in Kafarnaum als eine Erfüllung dessen, was im Jesajabuch steht, dass das Land Zebulun und das Land Naftali, das Gebiet, das im Dunkel lag, das helle Licht gesehen hat (Vgl. Jes. 8, 23ff.; Mt. 4,15-16). Jesus wird zum Licht dieses Gebietes, das damals heidnisch geprägt war, erklärt. Dieses Gebiet steht heute für jedes Land der Welt, das mit Christus in Berührung kommt. Es steht auch für jeden Menschen, der Jesus durch die Taufe angenommen hat. So heißt es im Johannesevangelium, dass alle, die in Christus sind, nicht mehr in der Finsternis leben, sondern das Licht des Lebens haben (Vgl. Joh. 8,12).

Jeder Mensch erfährt ab und zu in seinem Leben dunkle Momente. Jeder hat auch Schattenseiten des Lebens, die er nicht für jeden offen legen will. Jesus möchte auch dafür ein Licht sein. Er möchte das Dunkel vertreiben und auch uns zum Licht und Sonnenschein für viele Menschen werden lassen.

Engel

Engel sind himmlische Wesen, über die es unterschiedliche Berichte in der Bibel gibt. Wir denken z. B. an die Geschichte über den Besuch der Engel bei Abraham (Vgl. Gen. 18,1ff.). Es gibt auch den Bericht über den Erzengel Raphael, der den jungen Tobias auf seinem Weg begleitete, als er auf der Suche nach der Frau seines Lebens war (Vgl. Tob. 5,1-12,21). Erzählt wird auch die Geschichte über den Erzengel Michael, der im Buch Daniel erwähnt wird und der sich eingesetzt hat im Kampf gegen den abgefallenen Engel Luzifer (Vgl. Dan. 10,1ff.).

Auch im Neuen Testament ist ein Engel oder sind mehrere Engel „im Einsatz", vor allem vor, bei und nach der Geburt Christi. Es war ein Engel, der dem Zacharias zunächst die Geburt Johannes' des Täufers ankündigte (Vgl. LK. 1,8ff.). Es war auch ein Engel, der die Frohbotschaft der Empfängnis Jesu zu Maria brachte. Bei Maria bekam der Engel einen Namen - Gabriel (Lk. 1,26ff.). Und als Josef merkte, dass Maria schwanger war und sich von ihr leise entfernen wollte, war es wieder ein Engel, der ihn beruhigte mit der Botschaft, dass das Kind von Gott her kommt (Mt. 1,18ff.). Auch bei der Geburt Christi ist es ein Engel, der den Hirten die Frohbotschaft bringt (Lk. 2,8ff.).

Die Rolle der Engel, vor allem im Leben der Heiligen Familie von Maria, Josef und Jesus ist faszinierend. Für sie war der Engel Gottes ein Schutz. Heute glauben viele Menschen an Schutzengel. Aber wie erkennt man den Schutzengel und wie kann man ihm zuhören, wenn er uns etwas mitteilen will? Josef war immer aufmerksam! Wie sieht es bei uns heute aus? Merken wir überhaupt, dass wir von unserem Schutzengel geführt werden?

Manchmal ist es ein Mitmensch, der unser Schutzengel ist. Der Menschenengel kann die eigene Frau sein oder der Ehemann oder das eigene Kind oder eine Freundin oder ein Freund! So schön es ist, dass wir diese Menschen als Engel haben, so wichtig ist es aber auch, dass wir auf sie achten, sie anerkennen und ihnen auch zuhören.

Wie ist das in unserer eigenen Familie? Haben wir offene Ohren für das, was wir einander sagen und achten wir überhaupt noch auf einander? Heutzutage sind wir allzu gehetzt und mit vielen Sachen beschäftigt, so dass wir kaum dazu kommen, dem eigenen Partner oder dem Kind zuzuhören und ihm Aufmerksamkeit zu schenken.

Wir dürfen uns besinnen und die Frage stellen, ob wir, wie Josef, so achtsam sind auf das, was uns die Engel sagen wollen. Wir stellen uns auch die Frage, ob wir selber Engel für andere Menschen sind. Josef war für Maria und das Jesuskind auch wie ein Engel, so können auch wir wie Engel zueinander sein.

Berufung

In der Bibel gibt es unterschiedliche Berufungsgeschichten. Unter allen fasziniert mich am meisten die Berufungsgeschichte von Abraham, der in der Bibel als Vater aller Gläubigen bezeichnet wird (Gen. 12,1ff.).
Abram („Vater des Volkes"), später Abraham („Vater der Völker"), wird von Gott dazu berufen, seine Heimat Haran zu verlassen, damit er zum Vater eines großen Volkes gemacht wird und zum Segen für viele. Er hört auf die Stimme Gottes und zieht aus seiner Heimat weg. Damit ist er nach vielen Versuchungen zum Vater des Gottes Volkes geworden. Mit der Berufungsgeschichte Abrahams wird deutlich, dass eine Berufung mit einer gewissen Stimme verbunden ist. Diese Stimme ruft zu einem Auftrag und man folgt ihr.
Im Buch Jesaja sagt der Prophet Folgendes über sich selbst: „Hört auf mich, ihr Inseln, merkt auf, ihr Völker in der Ferne! Der Herr hat mich schon im Mutterleib berufen; als ich noch im Schoß meiner Mutter war, hat er meinen Namen genannt" (Jes. 49,1).
Es ist mir hier wichtig, eine Tatsache hervorzuheben, nämlich, dass der Prophet zu einem besonderen Auftrag berufen ist. Jeder von uns ist auch, wie Abraham und dieser Prophet, zu einem besonderen Auftrag berufen. Die Frage aber ist: Wie erkenne ich diesen Auftrag?
Ich möchte von mir selber erzählen, dass ich als Kind irgendwann gespürt habe, dass ich Priester werde. Mit der Zeit wurde die Stimme, die mich dazu rief, lauter. Auch meine Eltern, meine Geschwister und meine Freunde nahmen das wahr und unterstützen mich dabei.
Heute freue ich mich, dass ich Priester geworden bin und

dadurch viele Menschen durch das Leben begleiten darf. Ich habe außerdem in meinem Leben entdeckt, dass ich auch durch das Bücherschreiben vielen Menschen Freude und Mut machen kann und darf.

Nicht nur ich habe einen Auftrag von Gott erhalten, sondern wir alle! Manche entdecken diesen Auftrag sehr früh, andere aber viel später im Leben.

Manche sind dazu berufen, anderen einfach Freude zu bereiten durch gute Worte oder durch schöne Lieder. Hier denken wir an die vielen Musiker, die den Menschen das Leben durch ihre Musik etwas leichter machen. Manche sind aber auch dazu berufen, Rat zu geben, manche auch, Erkenntnis zu vermitteln, andere wiederum, sich um die Not anderer zu kümmern.

Ich hoffe, dass wir unseren konkreten Auftrag entdeckt haben. Sollte das nicht der Fall sein, dann wünsche ich uns sehr, dass wir dazu geführt werden. Auf dem Weg dahin braucht jeder die Hilfe anderer. Ich bin heute vielen Menschen dankbar, die mich auf meinem Weg intensiv begleitet haben und noch begleiten. Manche sind vielleicht auch dazu berufen, andere Menschen zu ihrem Lebensauftrag zu führen. Die Erwachsenen, vor allem die Eltern, haben die besondere Aufgabe, die Kinder und die Jungendlichen auf ihrem Weg zur Entdeckung ihres Lebensauftrags zu begleiten.

Indem wir unseren persönlichen und besonderen Lebensauftrag entdecken und erfüllen, bereichern wir das Leben vieler Mitmenschen.

Das Wort

Durch Worte kommunizieren wir jeden Tag miteinander. Worte sind uns immer wieder wichtig. Schon beim Aufstehen am frühen Morgen sprechen wir miteinander. Wir grüßen uns, sagen „Guten Morgen" und fragen: „Hast du gut geschlafen?" Hierdurch zeigen wir einander, dass wir zusammen sind und dass der andere nicht alleine ist. Wenn wir nicht mehr miteinander reden, ist es sehr schlimm. Wenn Eheleute nicht mehr miteinander reden, liegt eine gewisse Spannung in der Luft. Die Atmosphäre in der Familie verschlechtert sich. Und wenn dies lang andauert, kann man das Schlimmste, nämlich die Trennung, erahnen. Es gibt heute viele Familien, die darunter leiden, dass nicht mehr miteinander gesprochen wird. Möge Gott es ihnen ermöglichen, wieder Zugang zueinanderzufinden.
Mit Worten finden wir immer wieder Zugang zueinander. Der Dialog ist in dieser Hinsicht immer wichtig in jeder Beziehung. Wenn es ein Missverständnis gibt, so muss darüber geredet werden. Mit Worten sagen wir einander, wie wir uns fühlen. Mit Worten erkennen wir einander auch an. Wir sagen anderen, wie lieb und gern wir sie haben, und ermuntern sie dadurch.
Unter allen Worten ist das wichtigste und bedeutsamste jenes, das uns zugesprochen worden ist - von Gott selbst. Davon schreibt der Evangelist Johannes. Dieses Wort, so meint er, war am Anfang, und zwar bei Gott selbst und war Gott. Und durch dieses Wort ist alles geworden, was existiert. Und in diesem Wort ist das Leben, das das Licht der Menschen ist.
Und dieses Wort ist Fleisch geworden und nahm Wohnung unter uns Menschen (Vgl. Joh. 1,14).

In Jesus nimmt das kraftvolle und liebevolle Wort Gottes Gestalt an. Auf dieses Wort wollen wir uns immer verlassen. Es will uns stets auf unserem Lebensweg begleiten. Mit diesem Wort brauchen wir uns nicht zu fürchten, denn es nimmt uns unsere Ängste und macht uns mutig und stark und will uns immer zusammenhalten und verbinden, damit niemand auf seinem Lebensweg alleine ist.

Entscheidungen

Als Menschen haben wir jeden Tag mit Entscheidungen zu tun. Vom Aufstehen bis zum Schlafengehen stehen wir immer wieder vor irgendeiner Entscheidung, womit stets eine Wahl verbunden ist. Wenn ich sage: „Ich stehe morgen früh um 6:00 Uhr auf, damit ich mich rechtzeitig für die Schule vorbereiten kann", so ist das eine Wahl. Ich entscheide mich, um 6:00 Uhr aufzustehen und nicht um 7:00 Uhr, und so stelle ich meinen Wecker auf 6:00 Uhr. Und wenn ich um 6:00 Uhr aufgestanden bin, so darf ich mich entscheiden, ob ich unter die Dusche gehe oder nicht. Wenn ich mich für die Dusche entscheide, so fühle ich mich hinterher wohl. Und beim Frühstücken entscheide ich mich, ob ich ein Ei dazu möchte oder nicht, und so geht es weiter.

Entscheidungen gehören zu unserem Leben, und es ist unser Wunsch, uns immer richtig zu entscheiden. Das heißt, dass wir immer wieder die richtige Wahl treffen wollen. Wir entscheiden uns meistens für das, was uns gut tut, und vermeiden das, was uns Schaden zufügen kann. Es ist unser Wunsch, dass uns dies immer gelingt. Obwohl es uns manchmal nicht so recht gelingt, bleibt doch der gute

Wille. Manchmal will man am Sonntag wieder mal in die Kirche gehen, aber man fühlt sich müde und will doch lieber etwas länger schlafen. Was trotzdem bleibt, ist der gute Wille, der sich irgendwann realisieren lässt.

Im Buch Joshua erfahren wir, wie Joshua, der Nachfolger Mose, eine wichtige Entscheidung trifft und das Volk Gottes auffordert, das Gleiche zu tun. Er fordert es auf, sich zu entscheiden, entweder für Jahwe, der sie aus Ägypten geführt hat, oder für die Götter ihrer Nachbarn. Aber für ihn (Joshua) ist es klar, dass er sein Leben lang Jahwe dienen wird (Vgl. Jos. 24,15). Die anderen Israeliten folgen seinem Beispiel und entscheiden sich auch für Jahwe, indem sie sagen: „Das sei uns fern, dass wir den Herrn verlassen und anderen Göttern dienen. Denn der Herr, unser Gott, war es, der uns und unsere Väter aus dem Sklavenhaus Ägypten herausgeführt hat und der vor unseren Augen alle die großen Wunder getan hat. Er hat uns beschützt auf dem ganzen Weg, den wir gegangen sind, und unter allen Völkern, durch deren Gebiet wir gezogen sind. ... Auch wir wollen dem Herrn dienen; denn er ist unser Gott" (Jos. 24,16-18). Hier haben die Israeliten mit Joshua die richtige Entscheidung getroffen.

Auch im Evangelium erfahren wir, wie die Jünger Jesu sich neu für ihn entscheiden müssen. Nach der Brotrede, in der Jesus der Volksmenge sagt: „Wer mein Fleisch isst und mein Blut trinkt, hat das ewige Leben, und ich werde ihn auferwecken am letzten Tag" (Joh. 6,54), murren einige Jünger gegen Jesus und sagen: „Was er sagt, ist unerträglich. Wer kann das anhören?" (Joh. 6,60) Darauf ziehen sich viele zurück und wandern nicht mehr mit ihm umher. Da fragt Jesus die Zwölf: „Wollt auch ihr weggehen?" Da antwortet ihm Simon Petrus: „Herr, zu wem sollen wir gehen? Du hast Worte des ewigen Lebens. Wir sind zum Glauben gekommen und haben erkannt: Du bist der Heilige Gottes" (Joh. 6,67-69). Dies ist auch ein wichtiger Moment der Entscheidung für die Jünger, ob sie weiterhin bei Jesus bleiben werden oder nicht.

Wie wir immer im Alltag Entscheidungen treffen müssen, so ist unsere Entscheidung für den Glauben an Gott gefordert. Man wird nicht dazu gezwungen, man entscheidet sich frei. Wir entscheiden uns jeden Tag neu für das, woran wir glauben. Und jeder Schritt, den wir tun, um zu beten und auch in die Kirche zu kommen, ist eine Bestätigung dafür, dass wir für Gott sind. In einer Gesellschaft, wo manche Menschen überhaupt nicht mehr wahrnehmen, dass es einen Gott gibt, und sich zu bestimmten Lebensphilosophien bekennen, sind wir dazu berufen, die Fahne des Glaubens hochzuhalten, ihn zu bekennen und mit den Mitmenschen zu teilen.

Der Glaube spielt schon eine große Rolle in unserem Leben. Viele erkennen dies meistens erst, wenn sie sich in einer Krise befinden oder wenn ihr Lebensweg hier auf Erden bald zu Ende geht. Dazu möchte ich folgende Geschichte erzählen: Es geht um ein altes Ehepaar, das geizig war. Sie wollten nichts mit anderen Menschen teilen und gingen auch nicht in die Kirche. Eines Tages machten sie einen Spaziergang auf einer Wiese und entdeckten dort eine fremde Sorte Pilzen. Sie nahmen sie mit nach Hause und machten eine Suppe daraus. Da ihnen die Pilze nicht bekannt waren, gaben sie sie zunächst ihrem Hund. Der Hund fraß - und nichts passierte. Das Ehepaar wartete etwa 20 Minuten und aß danach auch von den Pilzen. Drei Tage später fand man den Hund tot auf der Strasse, und so bekam das Ehepaar Angst, es könnte an den Pilzen liegen. Sie fürchteten, dass auch sie sterben würden. So liefen sie gleich schnell ins Pfarrhaus, um ihre Sünden zu beichten, fanden aber den Priester nicht. In ihrer Not entschieden sie sich einander die Sünden zu beichten. Welche Sünden es waren, will ich hier nicht weiter erzählen. Aber was wir daraus lernen können, ist, dass es doch eine tiefe Sehnsucht in uns Menschen gibt, die uns zum Guten - zu Gott, hinzieht.

Hiermit wünsche ich uns, dass wir immer die richtige Entscheidung treffen, uns immer für Gott entscheiden und unseren Glauben an Ihn jeden Tag neu bekennen und in die Tat umsetzen.

Sorgen

Im Mt. 6, 24-34 durchzieht das Wort „Sorge" den ganzen Text. Im Vers 25 heißt es: „Sorgt euch nicht um euer Leben." Und im Vers 27 heißt es: „Wer von euch kann mit all seiner Sorge sein Leben auch nur um eine kleine Zeitspanne verlängern?" Vers 28: „Und was sorgt ihr euch um eure Kleidung?" Vers 31: „Macht euch also keine Sorgen!" Und schließlich Vers 34: „Sorgt euch also nicht um morgen; denn der morgige Tag wird für sich selbst sorgen!" Ist das Ganze hier ein Aufruf zu Untätigkeit? Dass wir uns um nichts mehr kümmern? Nein! Hier geht es Jesus um die krankmachende Sorge, die Macht hat, uns Menschen zu zerstören! Um zu verstehen, welche Sorge Jesus hier genau meint, müssen wir zu den vorhergehenden Versen zurückgehen, wo es heißt: „Sammelt euch nicht Schätze hier auf der Erde, wo Motte und Wurm sie zerstören und wo Diebe einbrechen und sie stehlen, sondern sammelt euch

Schätze im Himmel, wo weder Motte noch Wurm sie zerstören und keine Diebe einbrechen und sie stehlen. Denn wo dein Schatz ist, da ist auch dein Herz" (Mt. 6,19-21). Eine klare Aussage: Was wollen wir sammeln? Geld, Gold, Juwelen, Kleidung ... ?

Ja, das meiste davon ist wichtig zum Überleben, besonders Geld! Aber wenn die Sorge um das Geld den ersten Platz unseres Herzens einnimmt, wird es problematisch. Wir wissen, was viele Menschen heute in der Welt dafür tun, damit sie viel Geld auf dem Konto haben. Wenn es ums Geld geht, kann alles Mögliche passieren. Da wird schnell die Würde des Mitmenschen vergessen. Da stimmt das biblische Wort: „Die Geldliebe ist eine Wurzel alles Bösen" (1. Tim. 6, 10).

In demselben Brief an Timotheus lesen wir: „Wer aber reich werden will, gerät in Versuchungen und Schlingen, er verfällt vielen sinnlosen und schädlichen Begierden, die den Menschen ins Verderben und in den Untergang stürzen" (1.Tim 6, 9). Dies ist ein ernsthaftes Wort an uns Menschen. Häufig ist festzustellen, dass Menschen „über Leichen gehen", nur um reich zu werden. Korrupte Regierungen lassen die Armen verhungern, leben aber selber im Reichtum.

Zu viel Sorge um das Geld verdirbt das Herz des Menschen. Das Geld macht ihn schnell zu einem „Unmenschen", der sich selbst und seine Umwelt zerstört. Von dieser Selbstzerstörung will uns Jesus durch seine Worte befreien! Jeder von uns kann auch betroffen sein, vor allem da, wo wir nur noch an uns denken und immer mehr ansammeln. Wenn dies geschieht, so zerstören wir uns selbst. Das, was uns befreien kann, ist der Blick für den Anderen. Darum sagt Jesus fast am Ende des 6. Kapitels des Mathäusevangeliums: „Euch aber muss es zuerst um sein Reich (Gottesreich) und um seine Gerechtigkeit gehen; dann wird euch alles andere dazugegeben" (Mt. 6,33).

Bewegung

Bewegung tut immer gut! Sie kann manchmal beschwerlich sein, aber dennoch tut sie unserer Gesundheit gut. Die Bewegung im religiösen Sinne ist ein Glaubenserbe, das mit Abraham, den die Bibel als Vater der Glaubenden bezeichnet, begonnen hat. Im Buch Genesis erfährt man, wie er den Ruf Gottes hört und in ein unbekanntes Land aufbricht. Ihm wird ein Land verheißen. Die Geschichte Abrahams wird in drei Schritten beschrieben: „Zieh weg von deinem Vaterhaus, von deiner Verwandtschaft, von deinem Vaterland in das Land, das ich dir zeigen werde" (Gen. 12,1).
Hier geht es um ein Aufbrechen aus allen Sicherheiten, ja aus allem, was ihm vertraut und gewohnt ist. Es handelt sich um ein Zurücklassen liebgewonnener Gewohnheiten und von schönen Erinnerungen, ja sogar um ein Abstandnehmen von Menschen, die man liebt, und von der Heimat. Da wird viel verlangt!
Ein Mensch, der seine Heimat verlässt, bleibt zunächst überall ein Fremder und ist meistens auf die Gastfreundschaft und das Wohlwollen anderer Menschen
angewiesen.
Wenn wir heute den Ruf Gottes an Abraham auf uns selbst übertragen, so könnte es zu einer interessanten Erfahrung werden. Der Aufbruch zu einem anderen Ort könnte dann für uns vielleicht heißen, dass wir hinausgehen in die Welt,

um andere Menschen, andere Kulturen kennen zu lernen und damit unser Leben zu bereichern. Aufbrechen kann aber auch einen Perspektivenwechsel bedeuten, nämlich sich von unheilvollen Bindungen und Einflüssen zu befreien.

Dies kann auch für mich heißen, dass ich meine eigenen festgefahrenen Lebensmuster verändern muss und mich nicht unbedingt der Meinung der Mehrheit anschließe, sondern gegen den Strom falscher Philosophien und Ideologien schwimme, um etwas selbständiger und bewusster leben zu können. Manchmal kann das Aufbrechen auch bedeuten, dass ich mich auf die Seite der Schwachen und Ausgestoßenen stelle. Dazu haben wir, wie bei Abraham, die Zusage Gottes, dass wir gesegnet sind und so für andere zum Segen werden.

Die Bewegung im Sinne des Glaubens kann aber auch bedeuten, dass ich mich auf den Weg mache zu einem ruhigen Ort, um über mein Leben nachzudenken und daraus neue Kraft für den Alltag schöpfen zu können. Dies kann man gut von Jesus lernen. Immer wieder hat er sich zurückgezogen, um für sich alleine zu sein. Und manchmal hat er seine Jünger mitgenommen auf den Weg. Einmal holte Er drei seiner Jünger aus dem Alltag heraus und brach mit ihnen auf zum Berg Tabor, um dort alleine zu sein. Nach dem mühsamen Aufstieg erlebten die Jünger dort seine Verklärung, was für ihren Glaubensweg sehr wichtig war (Vgl. Lk. 9,28ff.).

Immer wenn wir es wagen, uns in Bewegung zu setzen, erfahren wir etwas Neues. Unterwegs erleben wir manche Dinge, worüber wir staunen! Petrus wollte bei der Verklärung Jesu den Ort nicht mehr verlassen. Er wollte dort Hütten bauen! Doch er musste diesen Ort verlassen. Denn

der Weg ging weiter!
Die Jünger mussten hinunter in den Alltag gehen. Auch uns passiert es manchmal, dass wir bei etwas Schönem stehen bleiben wollen, doch der Weg geht weiter.
Manche Menschen sind heute leider auf ihrem Lebensweg stehen geblieben. Es mag bisweilen schön sein, stehen zu bleiben, aber nicht zu lange! So wie uns die normale Bewegung im Alltag gut tut, so tut es uns gut, immer im Glauben in Bewegung zu sein. Wir dürfen stets aufbrechen und immer wieder in Bewegung bleiben, solange wir noch nicht am Ziel sind.

Begegnungen

Jeden Tag begegnen wir Mitmenschen. Manche Begegnungen bleiben unvergesslich. Sie hinterlassen Spuren in unserem Leben. Jeder von uns hat bestimmt schon eine solche Begegnung gehabt. Hier erinnere ich mich gern an eine Begegnung mit einem kleinen Jungen, Tizian, der etwa zwei Jahre alt war. Es war bei einem Besuch in einem Kinderhort. Als ich in das Haus kam, lief der Kleine, dem ich gerade das erste Mal begegnete, mit offenen Armen auf mich zu. Da nahm ich ihn gleich in die Arme und er blieb dort die ganze Zeit, bis er eingeschlafen war. Von uns beiden wurde ein Foto gemacht, das ich heute noch sehr schätze.
Ja, eine Begegnung, die etwas in uns bewegt, muss nicht unbedingt mit einem erwachsenen Menschen sein. Sie kann mit jedem Menschen geschehen, ob klein oder groß, Europäer oder Afrikaner, Amerikaner oder Asiat!
Im Johannesevangelium lesen wir einen Bericht über eine

besondere Begegnung. Es ist ein Treffen zwischen Jesus und einer Samariterin, wobei Jesus eine Spur im Leben der Frau und in ihrem gesamten Volk hinterließ (Vgl. Joh. 4,1-42). Jesus kam ins Gespräch mit dieser Frau, obwohl er dies nicht tun durfte, denn es existierte eine alte Feindschaft zwischen den Juden und den Samaritern. Die beiden Völker wollten einander gar nicht begegnen, aber durch Jesus kommt es zu einer Versöhnung. Jesus, ein Jude, bittet die Samariterin um einen Becher Wasser. Die Frau, die noch Hemmungen hat, in Kontakt mit einem Juden zu kommen, ist erstaunt, dass Jesus Wasser von ihr verlangt. Daraufhin sagt Jesus zu ihr:

„Wenn du wüsstest, worin die Gabe Gottes besteht und wer es ist, der zu dir sagt: Gib mir zu trinken!, dann hättest du ihn gebeten, und er hätte dir lebendiges Wasser gegeben" (Joh. 4,10). Mit diesen Worten wird das Gespräch zwischen den beiden noch tiefer.

Die Frau will unbedient wissen, wer Jesus ist, der so spricht: Sie fragt, wie es möglich sein kann, dass Jesus ihr lebendiges Wasser, ein Wasser, das niemals vergeht, geben kann. In diesem Augenblick denkt die Frau noch an ein einfaches Wasser, aber Jesus macht ihr klar, dass, wer von dem Wasser, von dem er spricht, trinkt, nie mehr Durst haben wird und dass dieses Wasser sich in diesem Menschen zu einem Brunnen verwandeln wird. Darauf sagt die Frau: „Herr, gib mir dieses Wasser, damit ich keinen Durst mehr habe und nicht mehr hierher kommen muss, um Wasser zu schöpfen" (Joh. 4,15).

Nun öffnet sich die Frau: Sie, die Samariterin, möchte das lebendige Wasser von Jesus, einem Juden. Langsam führt Jesus sie dazu, sich für sein Wort und das Heil zu interessieren. Er fragt sie nach ihrem Mann und sie antwor-

tet, keinen Mann zu haben. Daraufhin sagt ihr Jesus, dass sie schon fünf Männer hatte und dass derjenige, mit dem sie gerade zusammen ist, nicht ihr Ehemann ist. Die Frau gesteht es und ist tief berührt, dass Jesus etwas über ihre Vergangenheit weiß.
Es ist etwas Außergewöhnliches, wenn ein Fremder die Lebensgeschichte eines anderen kennt. Aber bei Jesus ist dies möglich! Er ist Mensch, aber auch Gott, der unser aller Lebensgeschichte kennt. Wie immer auch das Leben eines jeden verläuft, Er nimmt es wahr und macht etwas Besonderes daraus. Es gibt viele Beispiele von Menschen, deren Leben Jesus radikal verändert hat. Ich kann hier nur wenige nennen: Aus Maria Magdalena, einer Besessenen und Sünderin, hat Er eine heilige und liebende Frau gemacht; aus Saulus, dem Christenverfolger, hat Er Paulus, den Verkündiger der Frohbotschaft, gemacht; aus dem unkeuschen Augustinus hat Er einen großen Heiligen gemacht. Wir können unsere eigenen Geschichten dazuzählen! Ich möchte auch von mir selbst sprechen, denn aus mir, einem damals jungen Mann, der eine Zeit lang nicht mehr in die Kirche gehen durfte, hat Er heute einen Priester gemacht!
Wie Jesus die Lebensgeschichte der Samariterin kennt, so kennt Er uns alle und liebt uns alle gleichermaßen. Aus der sündigen Samariterin machte Er auch eine Verkünderin der Frohbotschaft, denn es heißt im Evangelium:
„Da ließ die Frau ihren Wasserkrug stehen, eilte in den Ort und sagte zu den Leuten: Kommt her, seht, da ist ein Mann, der mir alles gesagt hat, was ich getan habe: Ist er vielleicht der Messias? Da liefen sie hinaus aus dem Ort und gingen zu Jesus" (Joh. 4,28).
Wir merken, dass die Frau sich verändert hat. Das lebendige Wasser, von dem Jesus zu ihr gesprochen hat, scheint

schon in ihr angekommen zu sein. Dieses Wasser fließt nun durch sie zu den anderen Samaritern. Wir sehen, wie eine einzige Begegnung eine große Wirkung zeigt. Jesus erreicht die ganze Stadt der Samariter durch eine einzige Frau, und zwar durch eine Sünderin.

Auch heute begegnet Jesus den Menschen! Auch uns möchte Er begegnen. Dabei kennt Er uns gut. Wir können Ihm nichts verbergen. Deshalb ist es gut, dass wir Ihm unser Leben offenlegen und Ihn darum bitten, etwas Neues daraus zu machen.

Jeden von uns möchte Er, wie die Samariterin, mit einem liebenden Blick anschauen und mit diesem Blick verwandeln und begeistern. Er möchte uns das lebendige Wasser, das der Heilige Geist und die Liebe Gottes ist, schenken.

Viele von uns sind im Glauben schwach geworden. Viele sind müde und murren nur noch, wie damals die Israeliten in der Wüste, die durstig waren und gegen Mose feindlich gesinnt waren. Auch ihnen hat Gott durch Mose frisches Wasser gespendet. Auch uns heute möchte Jesus durch sein lebendiges Wasser, das der Heilige Geist ist, neu beleben und froh machen, damit auch wir aufhören zu murren, und durch die Begegnung mit Ihm, andere Menschen, wie die Samariterin, begeistern können. Sein lebendiges Wasser möge in uns neu sprudeln und durch uns zu anderen Menschen in unserer Umgebung gelangen.

Nachbar

Oft sind wir damit beschäftigt zu sehen, zu hören und darüber zu sprechen, was unser Nachbar tut.
In dem Gleichnis, in dem Jesus von dem Pharisäer und dem Zöllner erzählt, stellt sich der Pharisäer in seinem Gebet als einen guten Menschen dar, macht aber den Zöllner klein vor Gott (Vgl. Lk. 18,9-14). Es fällt uns Menschen immer leichter, uns selbst gut darzustellen und einen anderen Menschen schlecht zu machen. Wie würde es sein, wenn es umgekehrt wäre?
Immer wenn die Verfehlungen unseres Nachbarn das Objekt unserer Beobachtung sind, empfinden wir eine gewisse Lust, darüber zu sprechen. Wir dürfen schlechte Handlungen unserer Mitmenschen kritisieren und verurteilen, aber den Menschen selbst zu verurteilen, steht uns nicht zu. Bei einer Messe im vatikanischen Gästehaus „Domus Sanctae Marthae" am 13. September 2014 sagte Papst Franziskus Folgendes zu diesem Thema:
„Wer schlecht über den Nächsten spricht, ist ein Heuchler, der nicht den Mut hat, auf die eigenen Fehler zu schauen. Klatsch und Geschwätz haben auch eine kriminelle Dimension. Jedes Mal, wenn wir schlecht über die Brüder oder Schwestern reden, ahmen wir den mörderischen Gestus Kains nach."

Diese Reflektion machte Papst Franziskus zum Lukasevangelium, wo es heißt: „Wie kannst du zu deinem Bruder sagen: Bruder, lass mich den Splitter aus deinem Auge herausziehen!, während du den Balken in deinem eigenen Auge nicht siehst? Du Heuchler! Zieh zuerst den Balken aus deinem Auge; dann kannst du versuchen, den Splitter

aus dem Auge deines Bruders herauszuziehen" (6,42).
Damit wollte der Papst die Menschen darauf aufmerksam machen, vorsichtig zu sein, wenn sie über den Nachbarn urteilen. Er wollte dabei besonders betonen, dass jede Lästerung über den Nachbarn eine gewisse Tötung ist, denn, wenn man schlecht über den Nachbarn redet, versucht man, diesen Menschen etwas kleiner zu machen; und indem man den Nachbarn kleiner macht, verliert dieser seine Würde im Auge dessen, der die Lästerung mithört.
„Es gibt keinen unschuldigen Klatsch", meint auch Papst Franziskus. Er erinnert damit an das Wort aus dem Brief des Apostels Jakobus, das sagt: „Die Zunge kann kein Mensch zähmen, dieses ruhelose Übel, voll von tödlichem Gift. Mit ihr preisen wir den Herrn und Vater und mit ihr verfluchen wir die Menschen, die als Abbild Gottes erschaffen sind" (3,8ff.).
Einige Wissenschaftler gehen heute davon aus, dass die Lust am Gerüchteverbreiten oder Sprechen über andere uns Menschen angeboren ist. „Wo immer in der Kommunikation ein Vakuum entsteht, werden Gift, Müll und Unrat hineingeworfen", schrieb der britische Publizist Cyrill N. Parkinson.
Wenn es zutrifft, dass wir Menschen immer die Lust haben, über die Fehler anderer zu reden, was sollen wir dann tun? Dazu gibt uns Papst Franziskus folgenden Rat:
„Jetzt geh: bete für ihn! Geh, geh und tu Buße für ihn! Und dann, sollte es notwendig sein, sprich mit diesem Menschen, damit er das Problem beheben kann. Aber sag es nicht allen!"

Veränderung

Oft sind wir unterwegs auf der Suche nach einer Veränderung in unserem Leben. Es gibt Dinge im Leben, die der Änderung bedürfen. Oft sind wir machtlos und ratlos, weil es schwierig ist, die erwünschte Veränderung zu erwirken. Wir sind dann dankbar, wenn es jemanden gibt, der uns dabei helfen kann. Dies kann ein Freund sein, der uns dabei hilft.

Wir erfahren in der Bibel, dass viele Menschen zu Zeiten Jesu auch eine gewisse Veränderung in ihrem Leben wünschten. Ein gutes Beispiel dafür ist der blinde Bettler Bartimäus, der Sohn des Timäus. Dieser Mann wollte immer wie die anderen Menschen sehen können. Als er einmal bemerkte, dass Jesus an ihm vorbeiging, schrie er um Hilfe: „Sohn Davids, Jesus, hab Erbarmen mit mir" (Mk. 10,47). Dieses Geschrei kommt von einem Mann, der eine Chance zur Veränderung in seinem Leben nicht verpassen will. Auch wenn die Menge ihn zum Schweigen bringen wollte, gab er nicht auf zu schreien. Ich kann den Hilferuf dieses Mannes sehr gut nachempfinden. Er will nicht mehr blind sein und möchte nicht mehr betteln. Er will selbständig sein. Jesus rief Bartimäus zu sich, worauf dieser seinen Mantel wegwarf, aufsprang und zu Jesus lief. Als Jesus ihn fragte, was er wolle, antwortete er: „Rabbuni, ich möchte wieder sehen können" (Mk. 10,51). Da sagte ihm Jesus: „Geh! Dein Glaube hat dir geholfen" (Mk. 10,52). Und sogleich konnte er wieder sehen!

Die Begegnung mit Jesus brachte Bartimäus die lang ersehnte Veränderung in seinem Leben. Damit wird wieder wahr, was in der Heiligen Schrift geschrieben steht: „Ist jemand in Jesus Christus, so ist er eine neue Schöpfung, das Alte ist vergangen, das Neue ist hier" (2 Kor. 5,17). Für Bartimäus ist das Neue da. Er ist ein neuer Mensch!

Es ist etwas Faszinierendes zu erleben, wie die Menschen sich verändern nach ihrer Begegnung mit Jesus. Die Jünger, wie Petrus, Jakobus, Johannes, waren wie neu geboren nach ihrer Begegnung mit Ihm.

Die Frage ist nun: Was ist es, das sich in meinem Leben verändern sollte? Ich kann darüber nachdenken und anfangen, mich danach zu sehnen. Der blinde Bartimäus wartete sehr lange auf die Veränderung in seinem Leben. Auch wir dürfen nicht aufgeben. Wir dürfen jeden Tag neu auf der Suche nach einer Möglichkeit der Veränderung in unserem Leben sein. Vielleicht kämpfen wir schon lange gegen eine Schwäche, die uns ohnmächtig macht. Dann dürfen wir nicht aufgeben, immer neu aufzubrechen, um uns helfen zu lassen.

Bartimäus war sehr dankbar, sehen zu können. Vielleicht begegnen wir heute einem Menschen, der uns helfen kann, uns zu verändern. Wir können sogar Jesus in einem Mitmenschen begegnen, der Licht in unser Leben bringt. Wir können aber auch Jesus selbst begegnen - im Gottesdienst. Dabei müssen wir immer hellwach sein für den richtigen Augenblick!

Zukunftssicherung

Jeder von uns macht sich einmal Sorgen um die eigene Zukunft. Wir wollen, dass unsere Zukunft gesichert ist, mag sie auch noch so im Dunkeln liegen.
Wir reagieren auf diese Sorge. Wir schließen Versicherungen ab und versuchen, genug auf dem Bankkonto zu haben. Diese Sorge um die Zukunft ist gesund, solange sie uns nicht dazu treibt, auf Kosten Anderer zu leben.
Auch in der Bibel begegnen wir Menschen, die ihre Zukunft sichern wollen.
Wir begegnen zum Beispiel der Mutter von Jakobus und Johannes und den Söhnen von Zebedäus (Vgl. Mt. 20,20ff.). Sie ist bestimmt eine Mutter, die sich Sorge um die Zukunft ihrer Söhne macht. Wahrscheinlich hat sie Angst, dass ihre Kinder mit Jesus nur Zeit vergeuden und zum Schluss ‚leer ausgehen'. Sie möchte eher, dass die Zukunft ihrer Söhne gesichert ist. Sie will, dass ihre Söhne die Ehrenplätze an der Seite Jesu bekommen. Dieser Wunsch ist nicht verkehrt, aber bei Jesus verhält es sich anders. Sein Prinzip für die Zukunftssicherung der Jünger lautet:
„Ihr wisst, dass die Herrscher ihre Völker unterdrücken und die Mächtigen ihre Macht über die Menschen missbrauchen. Bei euch soll es nicht so sein, sondern wer bei euch groß sein will, der soll euer Diener sein, und wer bei euch der Erste sein will, soll euer Sklave sein. Denn auch der Menschensohn ist nicht gekommen, um sich dienen zu lassen, sondern um zu dienen und sein Leben hinzugeben als Lösegeld für viele" (Mt. 20, 25-28).
Später haben die Jünger bestimmt verstanden, worum es Jesus ging.
Auch wir wollen unsere Zukunft sichern, sowohl hier auf

Erden als auch im Himmel. Den Weg hat Jesus in seinem ‚Zukunftssicherungsprinzip' für die Jünger gegeben: das Dienen! Dies ist für Jesus der Weg der Erfüllung unseres Lebens.

Hörendes Herz

Im ersten Buch der Könige wird Salomo, der junge König und Nachfolger seines Vaters David, vor eine große Entscheidung gestellt. Gott sagt ihm in einem Traum Folgendes: „Sprich eine Bitte aus, die ich dir gewähren soll" (3,5ff.). Wie wäre es, wenn wir uns an Salomos Stelle befänden?
Wir haben viele Wünsche, die wir erfüllt sehen möchten: wie der Wunsch nach Gesundheit, Geborgenheit, Erfolg und nach Frieden. Doch wir haben, wenn wir an Salomos Stelle wären, nur einen Wunsch frei!
Salomo hat sich Folgendes gewünscht: „Herr, mein Gott, du hast deinen Knecht anstelle meines Vaters David zum König gemacht. Doch ich bin noch sehr jung und weiß nicht, wie ich mich als König verhalten soll. Dein Knecht steht aber mitten in deinem Volk, das du erwählt hast: einem großen Volk, das man wegen seiner Menge nicht zählen und nicht schätzen kann. Verleih daher deinem Knecht ein hörendes Herz, damit er dein Volk zu regieren und das Gute vom Bösen zu unterscheiden versteht."
Das Besondere an dieser Antwort Salomos für mich ist die Selbstlosigkeit. Der junge König wünscht sich etwas, das er für andere einsetzen und zu deren Wohl verwenden kann. Würden wir, wenn wir einen Wunsch frei hätten, auch so wie Salomo antworten?

Salomo wünscht sich nichts Materielles oder gar irgendetwas für sich selbst, sondern ein „hörendes Herz". Für die Menschen in der Zeit Salomos war das Herz die Mitte des Menschen, so wie wir es auch heute noch verstehen. Das Herz wird damit zum Mittelpunkt der menschlichen Identität erklärt.

Salomo will mit seinem Herzen für sein Volk da sein. Er will dem Volk zuhören! Dies ist ein wichtiges Merkmal eines Regierenden. Viele scheitern, weil sie nicht zuhören können. Ein Herrscher, der den Menschen richtig zuhören kann, gewinnt deren Herzen. Wir können sagen, dass er ein mitleidendes Herz hat. Hier denkt man an Jesus, der immer Mitleid mit den Menschen hatte. Also können wir sagen, dass Er ein hörendes Herz hatte. Auch heute schlägt sein Herz für die Menschen.

Auch wir brauchen heute ein hörendes Herz für einander, besonders in unserer Familie, am Arbeitsplatz, in der Gesellschaft und überall, wo wir uns befinden.

Ort der Ruhe

Nach der Speisung der 5000 schickte Jesus seine Jünger zum anderen Ufer und die Menschenmenge nach Hause. Er wollte unbedingt alleine sein (Vgl. Mk. 6,45f.). Dieser Akt des sich Zurückziehens ist es, was mich besonders an Jesus fasziniert. Er zog sich immer wieder zurück, um allein zu sein und zu beten. Dies ist mir ein wichtiges Beispiel im Leben Jesu!

Die Übung des sich Zurückziehens war auch schon vorher im Altes Testament vorhanden. In der Geschichte über den Propheten Elija finden wir ein Beispiel. Elija, der mit dem ungläubigen Volk Gottes und vor allem mit den so genannten Baalpropheten gekämpft und sie besiegt hatte, wurde heftig verfolgt von Isebel, der Frau des Königs Ahab. Darum zog sich Elija zurück zum Berg des Herrn, um dort Zuflucht zu finden (1Kg. 19,1ff.).

Wir alle brauchen immer wieder einen Zufluchtsort, einen Ort der Begegnung mit Gott. Dies kann in der Kirche oder auch anderswo sein. Für manche ist es ein Berg, wie bei Elija, bei anderen ist es einfach ein abgelegener und einsamer Ort - wie bei Jesus.

Für Jesus war es immer wichtig, eine Pause zu machen und Ruhe bei seinem Vater im Gebet zu finden. Auch wir brauchen immer wieder eine Pause, um Ruhe zu finden. Dafür müssen wir Zeit finden, in der wir über das Leben nachdenken, vielleicht auch beten und daraus Kraft schöpfen können für den Alltag.

In der jetzigen Zeit sind wir Menschen meistens unter einem gewissen Druck. Die Gesellschaft setzt uns unter Druck. Dadurch werden viele Menschen krank und zurückgelassen. Die Gesellschaft selber wandert weiter, während die Menschen, die erkranken, oft in die Isolation getrieben werden. Dabei trennen sich auch Familien. Menschen werden unfähig, ihre Pflichten zu erfüllen. Dann bricht alles zusammen. An solche Menschen in unserer Gesellschaft denken wir ganz besonders.

Wir sollten uns ein Beispiel an Jesus und auch an Elija nehmen. Wir müssen einen Ruheplan für uns machen! Jeder von uns braucht ihn. Unbedingt! Eine Zeit, in der wir uns von allem befreien: vom Lärm der Welt, vom Fernsehen, vom Computer, vom Smartphone und von all den anderen Medien.

Als Jesus sich zurückzog, um zu beten, hatten die Jünger

Schwierigkeiten. Sie waren mitten auf dem See, weit weg vom Ufer, als ein Sturm aufkam, so heftig, dass ihr Boot unterzugehen drohte. Da sahen sie jemanden, der in der Morgendämmerung auf sie zukam. Sie hielten ihn für ein Gespenst, hatten furchtbare Angst und schrien sogar (Vgl. Mk. 6,47ff.).
Vielleicht haben auch wir schon einmal eine ähnliche Situation erlebt. Unsere Herzen sind unruhig in so einem Moment.
In unseren Tagen kann man sagen, dass die ganze Welt in Angst und Panik lebt. Es gibt Kriege und Unruhen hier und dort. Das Schöne aber ist, dass alles seine Zeit hat, wie es der Weisheitslehrer Kohelet sagt. Es kommt wieder die Zeit, in der die Ruhe zurückkehren wird.
Auch für die Jünger gab es ein gutes Ende. Was sie für ein Gespenst hielten, war gar keines, sondern Jesus selbst, der Meister der Natur! Mit Ihm kehrte die Ruhe zurück.
„Habt Vertrauen, ich bin es, fürchtet euch nicht" (Mk. 6,50), sagte Jesus zu seinen verängstigten Jüngern. Pfr. Philippe Heim, ein älterer Priester, lehrte mich einmal folgende Weisheit: „Alles ist Gnade, wechselnde Pfade, Schatten und Licht. Alles ist Gnade. Fürchte dich nicht." Diese Worte verbinde ich mit den Worten Jesu an seine Jünger: „Habt Vertrauen, ich bin es, fürchtet euch nicht!" Sollten auch wir nicht diese Worte wahrnehmen? Vielleicht gibt es eine bestimmte Angst, die unser Leben quält. Da gilt das Wort des Meisters Jesus auch für jeden von uns in diesem Sinne - Habe Vertrauen, fürchte dich nicht!
Auf Jesu Worte hin, keine Angst haben zu müssen, lief Petrus ein Stück übers Wasser, geriet aber in Panik, als er das Wasser unter sich sah. Da rief er Jesus um Hilfe: „Herr, rette mich!" Jesus streckte sofort seine Hand aus, ergriff

ihn und sagte zu ihm: "Du Kleingläubiger, warum hast du gezweifelt?" (Mt. 14,28ff.).
Vielleicht müssen auch wir heute etwas mehr glauben, damit wieder mehr Ruhe in uns einkehren kann. In Jesus finden wir einen Ort der Kraft und der Ruhe. Manchmal verhalten wir uns wie Petrus. Wir muten uns auch einiges zu und bekommen Angst, wenn wir merken, wie schwer es ist, etwa im Hinblick auf wichtige Lebensentscheidungen. Manchmal kommen einem Zweifel und auch Ängste. Auch da gilt das Wort Jesu an uns: „Habt Vertrauen ... fürchtet euch nicht". Auf dieses Wort können wir völlig vertrauen! Es rettet uns aus manchen Ängsten, die uns ohnmächtig machen können. Der ängstliche Petrus, der unterzugehen drohte, fand Rettung bei Jesus. Auch wir können immer wieder Rettung bei Ihm finden, wenn wir uns Zeit nehmen, Ihm zu begegnen, um Kraft für den Alltag zu sammeln.

Rettender Sieg

Der Evangelist Johannes hatte einmal eine Vision. Ihm erschien ein großes Zeichen am Himmel. Es war eine Frau, die mit der Sonne bekleidet war und den Mond unter ihren Füßen hatte. Ein Kranz mit 12 Sternen zierte das Haupt dieser Frau. Sie war schwanger und schon in den Geburtswehen. Zu dieser Erscheinung kam eine zweite Vision, auch mit einem Zeichen am Himmel: „Ein Drache, groß und feuerrot, mit sieben Köpfen und zehn Hörnern und mit sieben Diademen auf seinen Köpfen. Sein Schwanz fegte ein Drittel der Sterne vom Himmel und warf sie auf die Erde herab. Der Drache stand vor der Frau, die gebären sollte; er wollte ihr Kind verschlingen, sobald es geboren war. Die Frau gebar ihr Kind, einen Sohn, der über alle Völker mit eisernem Zepter herrschen wird. Und ihr Kind wurde zu Gott und zu seinem Thron entrückt. Die Frau aber floh in die Wüste, wo Gott ihr einen Zufluchtsort geschaffen hatte" (Offb. 12,3-6). Danach gab es einen heftigen Kampf zwischen dem Erzengel Michael und seinen Engeln gegen den Drachen. Der Drache verlor den Kampf und wurde mit seinen Engeln auf die Erde geworfen. Da hörte Johannes eine laute Stimme im Himmel rufen: "Jetzt ist er da, der rettende Sieg, die Macht und die Herrschaft unseres Gottes und die Vollmacht seines Gesalbten" (Offb. 12,10).

Auf die letzten Worte kommt es an in den beiden Visionen des Johannes. Die Frau, von der die Rede in der Vision ist, deutet für uns Christen auf Maria, die Mutter Jesu. Und der Drache ist der Teufel, der plante, Jesus zu zerstören, bereits bei der Geburt. Hier wird an Herodes erinnert, der das Kind töten wollte. Insofern ist diese Vision des Johannes eine, die schon erfüllt war, die aber noch für die Christen der damaligen Zeit galt. Sie sollten wissen, dass der Teufel den Plan Gottes für die Rettung der Menschheit zerstören wollte, aber dass Gottes Macht - durch den Kampf seiner Engel - den Teufel besiegt hat. Deshalb lauten die Siegesworte am Schluss: „Jetzt ist er da, der rettende Sieg, die Macht und die Herrschaft unseres Gottes und die Vollmacht seines Gesalbten."

Diese Bibelstelle feiert den Sieg Gottes über das Böse, das das Gute in der Welt zerstören will. Damit wird auch unser eigener Sieg über das Böse hervorgehoben. Was auch immer uns heute beunruhigt oder uns quält oder ohnmächtig macht, der Herr gibt uns sein Wort: „Jetzt ist er da, der ret-

tende Sieg, die Macht und die Herrschaft unseres Gottes und die Vollmacht seines Gesalbten" (Offb. 12,10).
In der Welt von heute scheint das Böse das Gute zu besiegen. Wenn wir von Kriegen und Terroranschlägen hören, so scheint dies der Fall zu sein. Das Böse gewinnt jedoch nicht, sonders das Gute. Das absolute Gute ist Gott selbst, der uns seinen Sohn gesandt hat, um uns von dem Bösen dieser Welt zu retten. Darum können wir weiterhin Mut fassen, und zwar in dem Satz: „Jetzt ist er da, der rettende Sieg, die Macht und die Herrschaft unseres Gottes und die Vollmacht seines Gesalbten."

Leidenschaft

Ein Mensch, der eine Leidenschaft für etwas hat, tut alles dafür. Er investiert viel, um Erfolg zu haben. Dieser Mensch ist vielleicht auch bereit, Leid und Anstrengung auf sich zu nehmen, ja sogar sein Leben für seine Leidenschaft zu opfern.
Jesus ist erfüllt von der Leidenschaft für seinen Auftrag in der Welt. Er ist gekommen, damit die Menschen das Leben haben in Fülle haben (Vgl. Joh. 10:10). Dafür ist Er bereit, auch sein Leben zu verlieren. In diesem Kontext kann man seine rasche Reaktion verstehen, als Petrus versucht, Ihn daran zu hindern. „Weg mit dir, Satan, geh mir aus den Augen! Du willst mich zu Fall bringen; denn du hast nicht das im Sinn, was Gott will, sondern was die Menschen wollen" (Mt. 16, 23).
Wir können Jesu Antwort nur verstehen, wenn wir uns vorstellen, wie es sein kann, wenn jemand uns davon abbringen will, einen besonderen Auftrag zu erfüllen. Petrus

denkt, mit seiner Aktion Jesus vor dem Unheil des Leidens retten zu können. Aber er denkt falsch! Seine Denkweise ist ganz anders als Gottes Plan für Jesus. Für den Juden Petrus darf Jesus, den er gerade als den Messias ausgerufen hat, nicht leiden.

Nach dem Babylonischen Exil hat die jüdische Gemeinde zwei messianische Theorien entwickelt: die leidende und die siegreiche oder königliche messianische Theorie. Und da man versteht, dass Jesus von David abstammt, wird Er für den königlichen Messias gehalten, der nicht leiden und nicht sterben darf. Damit hat Petrus Recht, aber der Plan ist anders. Jesus hat einen besonderen Auftrag, für den Er eine Leidenschaft hat, auch als königlicher Messias. Dieser Auftrag muss erfüllt werden. In der Erfüllung dieses Auftrags liegt das Kreuz. Das Kreuz wird dabei zum Symbol der Härte seines Auftrags, aber auch seiner Leidenschaft und seiner Bereitschaft, den Auftrag zu erfüllen.

Was hat diese Leidenschaft Jesu mit uns heute zu tun? Leidenschaft beinhaltet auch Liebe. In der Leidenschaft Jesu ist seine Liebe zu uns Menschen. Er ist bereit, für uns da zu sein. Diese Leidenschaft zeigt sich schon in seiner Menschwerdung. Er wird Mensch, um für uns da zu sein. Doch es gibt keine Leidenschaft ohne Leid.

Jesus lebt seine Leidenschaft für uns Menschen bis zum Ende. Er hat sie aber an seine Jünger weitergegeben mit den Worten: „Wer mein Jünger sein will, der verleugne sich selbst, nehme sein Kreuz auf sich und folge mir nach" (Mt. 16,24). Damit will Er ihnen sagen: Auch ihr sollt eine Leidenschaft für eure Mitmenschen haben. Ihr sollt bereit sein, auch für sie da zu sein. Auch wir sind heute dazu berufen, eine gesunde Leidenschaft für die Mitmenschen zu haben, indem wir füreinander da sind.

Versöhnung und Vergebung

Petrus stellt einmal folgende wichtige Frage an Jesus: „Herr, wie oft muss ich meinem Bruder vergeben, wenn er sich gegen mich versündigt? Siebenmal?" (Mt 18,21ff.). Mit dieser Frage kann ich mich sofort identifizieren. Wie oft kann oder muss ich jemandem vergeben, der mich immer wieder verletzt? Petrus schlägt vor: siebenmal.
Die Sieben hat eine Sonderstellung im Judentum. Man denke an die siebentägige Schöpfungsgeschichte. Daraus sind die sieben Wochentage erstanden, wobei der siebte Tag, der Sabbat, zu heiligen ist.
Die Sieben steht im Alten Orient vor allem für die Vollkommenheit. Und so muss es für Petrus ausreichen, seinem Mitmenschen sieben Mal am Tag zu vergeben. Aber bei Jesus ist es anders. Er sagt zu Petrus: „Nicht siebenmal, sondern siebenundsiebzigmal." In manchen Übersetzungen werden die schwierigen Wörter ESSDOMEKONTAKIS EPTA sogar mit siebzigmal siebenmal übersetzt. Dies kommt besonders in der Lutherübersetzung vor.
Es kommt mir hierbei weniger auf die Übersetzung an als darauf, was Jesus Petrus mit seiner Aussage vermitteln will. Ich denke, damit will Jesus Petrus klar machen, dass er seiner Vergebungskraft keine Grenze setzen soll. Er muss immer bereit sein zu vergeben. Das aber ist sehr schwer!
In einer anderen Version dieser Geschichte der Vergebung sagt Jesus im Lukasevangelium Folgendes zu seinen Jüngern: „Seht euch vor! Wenn dein Bruder sündigt, weise ihn zurecht; und wenn er sich ändert, vergib ihm. Und wenn er sich siebenmal am Tag gegen dich versündigt und siebenmal wieder zu dir kommt und sagt: Ich will mich ändern, so sollst du ihm vergeben. Die Apostel baten den Herrn:

Stärke unseren Glauben! Der Herr erwiderte: „Wenn euer Glaube auch nur so groß wäre wie ein Senfkorn, würdet ihr zu dem Maulbeerbaum hier sagen: Heb dich samt deinen Wurzeln aus dem Boden und verpflanz dich ins Meer, und er würde euch gehorchen" (Lk 17, 3-6). Es ist hart zu vergeben, aber die Antwort Jesu an seine Jünger in diesem Text zeigt, dass es doch möglich ist, und zwar alleine durch den Glauben.

Wenn man Eltern sagen würde: Vergebt euren Kindern, auch wenn sie sieben Mal am Tag etwas Böses tun und um Vergebung bitten, dann würden sie, wie die Jünger, auch um die Kraft des Glaubens bitten.

Es ist schwer zu vergeben, aber ich denke, es lohnt sich immer. Und dazu müssen wir immer wieder bereit sein miteinander zu sprechen. Dazu sagt Jesus:

„Wenn dein Bruder sündigt, dann geh zu ihm und weise ihn unter vier Augen zurecht" (Mt 18,15). Hiermit fordert uns Jesus auf, etwas für die Versöhnung zwischen uns und unseren Mitmenschen zu tun. Dazu möchte ich aus eigener Erfahrung erzählen. Es war damals im Priesterseminar. An jedem Mittwochabend wurde uns zum Nachtgebet (Komplet) eine besondere Bibelstelle vorgelesen. „Lasst euch durch Zorn nicht zur Sünde hinreißen! Die Sonne soll über eurem Zorn nicht untergehen. Gebt dem Teufel keinen Raum" (Eph. 4:26-27).

Für mich waren diese Worte zunächst ohne tiefere Bedeutung, bis ich an einem Abend eine besondere Erfahrung damit machte. Ich habe mich an diesem Abend entschieden, mich am Ende eines jeden Tages mit meinen Freunden und allen zu versöhnen. Ich wollte keinen Zorn mehr in mir tragen.

Wie ist es bei uns heute? Tragen wir Zorn in uns, weil jemand uns verletzt hat? Es kann sein, dass der andere die Angelegenheit schon längst vergessen hat und mit uns wieder gut sein möchte. Aber weil wir Zorn in uns tragen, sperren wir ihm den Weg zu uns. Ich selbst habe diesbezüglich eine Erfahrung mit einem meiner Lehrer gemacht, der mich damals im Knabenpriesterseminar (Gymnasium) schlecht behandelt hatte. Nach vielen Jahren wurden wir Freunde, aber ich trug immer noch den Zorn der damaligen Zeit in mir, bis ich ihm eines Tages alles offen legte. Da entschuldigte er sich und sagte mir, er habe alles bereits vergessen.

Wie ist es bei uns heute? Hat jemand unsere Vergebung nötig? Solange wir diesem Menschen nicht vergeben, bleibt er in uns gebunden und gefesselt. Dadurch sind auch wir selber gefesselt und krank. Somit können wir auch die Worte Jesu verstehen: „Alles, was ihr auf Erden binden werdet, das wird auch im Himmel gebunden sein, und alles, was ihr auf Erden lösen werdet, das wird auch im Himmel gelöst sein" (Mt. 18, 18).

Das, was wir gegen andere in unserem Herzen tragen, hat eine ungeheure Kraft - ob Zorn oder Liebe. Wenn es Zorn ist, so ist dies schlecht für den, der uns verletzt hat, aber auch für uns; denn solange wir den Mitmenschen in unserem Zorn gefangen halten, solange bleiben wir selbst Gefangene. Denn damit lassen wir auch keinen Raum in unserem Herzen für Gott, auch uns zu vergeben. Denken wir an die Worte im Vaterunser: „... und vergib uns unsere Schuld, wie auch wir vergeben unseren Schuldigern" (Mt. 6,9ff.).

Menschen, die unsere Vergebung brauchen, warten darauf, dass wir sie losbinden. Wir haben die Möglichkeit dazu. Es kann sogar sein, dass diejenigen, die unsere Vergebung brauchen, verstorben sind. Dennoch können wir sie losbinden, damit sie ihren Weg in das Licht Gottes gehen können. Diese „Befreiung" durch die Vergebung wird, wie gesagt, nicht nur dem Menschen, der sie braucht, gut tun, sondern auch uns.

Ich führte einmal ein Gespräch mit einem jungen Menschen, der das Gefühl hatte, dass sein Nachbar ihn hasst. Er fragte mich, weshalb sein Nachbar so böse sei. Da sagte ich zu ihm: „Er verhält sich so, weil ihm vielleicht etwas fehlt." Der junge Mensch war neugierig zu wissen, was es sei. Darauf erklärte ich ihm: „die Liebe".

Jeder Mensch, der zornig und böse ist, leidet, weil ihm die Liebe fehlt. Darum habe ich dem jungen Menschen, mit dem ich das Gespräch führte, empfohlen, seinem feindlichen Nachbarn mit Liebe zu begegnen und auch für ihn zu beten, womit mein junger Gesprächspartner nicht gleich einverstanden war. Er sagte: „Das kann ich doch nicht tun!", worauf ich ihm entgegnete: „Das kannst du doch."

Die Geschichte geht noch weiter: Der junge Mensch ging und versuchte, das zu tun, was ich ihm empfohlen hatte. Beim nächsten Gespräch sagte er zu mir: „Pater, was ist geschehen?" Ich fragte ihn: „Was meinst du denn?" Er erwiderte: „Etwas ist passiert! Mein Nachbar ist mir gegenüber jetzt allmählich freundlich und grüßt mich sogar!"

Da fragte ich ihn, was er getan habe. Er antwortete: „Ja, ich habe versucht, wie du sagtest, für ihn zu beten." Da habe ich ihn gelobt. Diese Geschichte ist keineswegs frei erfunden!

Wenn es im Buch Levitikus heißt: „Du sollst in deinem Herzen keinen Hass gegen deinen Bruder tragen. Weise deinen Stammesgenossen zurecht, so wirst du seinetwegen keine Schuld auf dich laden. An den Kindern deines

Volkes sollst du dich nicht rächen und ihnen nichts nachtragen. Du sollst deinen Nächsten lieben wie dich selbst" (Lev. 19,17-18), so werden wir herausgefordert, anders zu leben als alle die, die nicht vergeben können.

Das Gebot der Liebe ist für Jesus das Wichtigste und Höchste. Er möchte, dass wir dieses Gebot in jeder Situation unseres Lebens halten. Trotz des Hasses, den wir manchmal von anderen erfahren, ist uns geboten, dem anderen mit Liebe zu begegnen.

Jesus sagte zu seinen Jüngern: "Ihr habt gehört, dass gesagt worden ist: Auge für Auge und Zahn für Zahn. Ich aber sage euch: Leistet dem, der euch etwas Böses antut, keinen Widerstand, sondern wenn dich einer auf die rechte Wange schlägt, dann halt ihm auch die andere hin" (Mt. 5,38-39).

Das klingt doch sehr hart. Wenn man mich schlägt, möchte ich doch sogleich zurückschlagen. Das ist normal. Aber wenn ich zurückschlage, könnte der andere wieder das gleiche tun und damit eine Kettenreaktion der Gewalt auslösen. Dies möchte Jesus verhindern, indem Er uns auffordert, unserem Feind gegenüber keinen Widerstand zu leisten. Wir wären scheinbar die Verlierer, aber im Auge Gottes wären wir die Sieger.

Wir feiern heute manche Menschen - wie Martin Luther King Jr., Mahatma Gandhi und, noch frisch in unserer Erinnerung, Nelson Mandela - weil sie den Weg der Gewalt und der Rache nicht gegangen sind, sondern den Weg eines friedlichen Protests.

Dass wir angesichts einer Gewalttat keinen Widerstand leisten sollen, heißt aber nicht, dass wir nicht gegen das Unrecht und das Böse in der Welt kämpfen dürfen. Wir können und dürfen, aber auf eine andere Art und Weise,

reagieren, nämlich in Frieden und mit Liebe.
Der junge Mensch, mit dem ich gesprochen hatte, konnte für seinen Feind beten, weil er dem Geist Gottes Raum gab. So konnte er den feindlichen Nachbarn allmählich verändern. Mit Hass hingegen wäre es ihm nicht gelungen! Es ist also eine Befreiungsbotschaft für uns alle, so schwer es auch fällt, dass wir vergeben und lieben können und dadurch die Kette des Hasses und der Gewalt in unserer Welt durchbrechen.

Umkehr

Die ersten Worte, die der Evangelist Markus Christus sprechen lässt, sind: „Die Zeit ist erfüllt, das Reich Gottes ist nahe. Kehrt um und glaubt an das Evangelium" (Mk. 1,15).
Was ist hier mit Umkehr gemeint? Ich möchte es mit der Situation auf den Straßen vergleichen. Manchmal sind wir unterwegs an einem fremden Ort und kennen den Weg nicht. Wir suchen nach dem Weg und landen manchmal, sogar mit Hilfe eines Navigationsgeräts, in einer Sackgasse. Dann heißt es einen neuen Weg zu suchen. Für die Menschen zu Zeiten Jesu war der Weg zu Ende. Mit Jesus kam ein neuer Weg, der zur Erfüllung des Lebens führt. Er selbst sagt von sich: „Ich bin der Weg, die Wahrheit und das Leben" (Joh. 14,6).
Jesus, als neuer Weg für die Menschen, will die Menschen aus dem Dunkel der Sünde holen und in das Licht Gottes bringen. Viele wurden bekehrt und folgten Ihm. Für Zachäus war Jesus der neue Weg (Vgl. Lk. 19,1ff). Vorher bedeutete das Geld alles für ihn - ein Irrweg! Nach der

Begegnung mit Jesus jedoch ist er bereit, alles in seinem Leben in Ordnung zu bringen.

Wenn wir unsere Welt heute betrachten, so stellen wir fest, dass viele Menschen auf Irrwegen sind. Das ständige Jagen nach dem Geld bringt so viele Menschen in Verwirrung! Es kommt vielen nicht darauf an, wie sie ans Geld kommen. Es wird sogar mit Menschenleben gehandelt. Und wenn ständig Waffen produziert und an Machthaber verkauft werden, so werden viele arme Menschen damit umgebracht.

Meiner Meinung nach ist heute angesichts der vielen falschen Wege, die die Menschen gehen, der Aufruf zur Umkehr noch nötiger und aktueller als in der Zeit Jesu oder des Propheten Jona. Gott liebt die Menschen immer noch, Er liebt uns alle so sehr, dass wir die falschen Wege verlassen und auf den richtigen Weg kommen. Wenn Paulus sagt: „Die Zeit ist kurz. Daher soll, wer eine Frau hat, sich in Zukunft so verhalten, als habe er keine, wer weint, als weine er nicht, wer sich freut, als freue er sich nicht, wer kauft, als würde er nicht Eigentümer, wer sich die Welt zunutze macht, als nutze er sie nicht; denn die Gestalt dieser Welt vergeht" (1 Kor. 7, 29-31), so dürfen wir ihn nicht falsch verstehen, als rufe er uns zur Vernachlässigung der eigenen Familie auf oder als führe er uns in den Pessimismus. Nein, er will damit sagen, dass wir immer mehr zu der Erkenntnis kommen sollen, dass die Welt, in der wir leben, vergänglich ist und dass wir uns nicht zu viel an das Irdische binden, sondern uns immer mehr an das Himmlische wenden, denn das ist das Ziel, das wir vor Augen haben, nämlich die Vollendung unseres Lebens in Gott.

Alles andere vergeht, aber Gott bleibt als Ursprung unseres Lebens. Zu Ihm müssen wir immer wieder umkehren, wenn wir auf Irrwegen sind. Jesus ist für uns der neue Weg, der uns zur Vollendung unseres Lebens führt. Geld kann uns diese Vollendung nicht bringen, auch nichts Materielles - nur Jesus allein!

Weitere Werke:

1. Give Him Thanks and Praise: My Encounter with God, Snaap press LTD, Enugu, Nigeria, 2004.

2. The Servant of Yahweh in Isaiah 52:13-53:12: A Historical Critical and Afro-Cultural Hermeneutical Analysis with the Igalas of Nigeria in View, Paderborn, Diss. 2010, Lit Verlag Münster, Zürich, 2012.

3. Kopf Hoch: Worte für dein Leben! BoD - Books on Demand, Norderstedt, 2013.